Angelo Rizzi

Il ritorno dello sciamano

© 2018, Angelo Rizzi

Éditeur : BoD-Books on Demand
12/14 rond point des Champs Élysées, 75008 Paris, France
Impression : Books on Demand, Norderstedt, Allemagne
ISBN: 9782322146239
Dépôt légal : août 2018

Opere dello stesso autore:

- *'Asfâr wa sirâb – Viaggi e miraggi* (bilingue), ed. I Fiori di Campo, 2003

- *'Inni qarartu 'Akhîran an 'arhala b'aîdan m'a-l-laqâliq – Ho deciso finalmente… andrò via con le cicogne…*, (bilingue), Collezione Maestrale, 2005

- *Poésies depuis la ville de Menton - Poésias desde la ciudad de Menton*, (bilingüe) ed. Edilivre, 2008 ; ed. BOD, 2016

- *Silvia o la ilusión del amor*, ed. Lampi di Stampa, 2010

- *Tierra del Fuego*, ed. Lampi di Stampa, 2014

- *Il caimano*, ed. BoD, 2014

- *Muhît al-kalimât – Oceano di parole*, (bilingue) ed. BoD, 2014

- *Guardando altrove*, ed. BoD, 2016

- *Poesia della Nuova Era Vol. I*, ed. BoD, 2016

- *Rotta per l'India* ed. BoD, 2016

- *El marcalibros*, ed. BoD, 2017

- *Rosso di Marte*, ed. BoD, 2017

- *Lemhat al-hida'at - Il profilo del nibbio*, ed. BoD, 2018

Biografia

Angelo Rizzi è nato a Sant'Angelo Lodigiano. Dopo aver ottenuto un diploma in Lingua e Cultura Araba all'IS.M.E.O. di Milano, Si è laureato in Lingua, Cultura e Letteratura Araba all'Università Michel de Montaigne di Bordeaux in Francia. Italiano madrelingua, ha composto i suoi poemi in arabo, spagnolo, francese e italiano. Grazie a questa sua particolarità, è stato invitato ed ha partecipato ad un congresso all'UNESCO nel 2006, a Parigi, sul tema *"Dialogo tra le Nazioni"*.
Ha ottenuto diversi riconoscimenti letterari ed ha partecipato a numerosi incontri poetici di rinomanza internazionale a Roma, L'Avana, Parigi, Curtea de Argeş, Djerba.
Un suo testo poetico è stato inserito e rappresentato in uno spettacolo teatrale dell'Associazione *Liber Theatrum* di Ventimiglia.

Riconoscimenti letterari.

Tra i più importanti: **Vincitore Assoluto** del XX° Premio Mondiale Nosside, 2004. Menzione d'Onore per la raccolta *'Asfâr wa Sirâb - Viaggi e Miraggi*, al premio Sogno di un Caffé di Mezza Estate, 2004 e Medaglia d'Argento per la stessa opera al Premio Internazionale Maestrale, 2004. Menzione di Merito al Premio Internazionale Poseidonia Paestum, 2005. **I° Premio** al Premio Internazionale Tra le Parole e l'Infinito, 2008, dopo avere vinto per tre volte il II° premio nello stesso concorso nel 2005, 2006, 2007. III° Premio al Premio Internazionale Bodini 2009. **Menzione Internazionale** al Premio Alpas XXI, Brasile, 2009. **I° Premio** al Premio Internazionale Città di Sassari per la poesia inedita, Italia 2010. Premio della Critica al Premio Internazionale Tra le Parole e l'Infinito, 2010. II° Premio per la raccolta *Silvia o la ilusión del amor*, della Giuria Scuole al Premio Internazionale Città di Sassari, 2011. Menzione speciale della Giuria per la Critica per la raccolta *Poésies depuis la ville de Menton-Poesías desde la ciudad de Menton* al Premio Internazionale Città di Sassari, 2012 e Premio Speciale per la Critica della Giuria delle Scuole per la stessa opera. Menzione di Merito al Concorso Internazionale "Vitruvio", 2012. Ha ottenuto il **Premio per la Migliore Opera in lingua straniera** per la raccolta *Poésies depuis la ville de Menton-Poesías desde la ciudad de Menton*, al Premio Internazionale Locanda del Doge, 2013. II° Premio al Premio Internazionale Carmelina Ghiotto Zini, 2013. Menzione Speciale al Premio Letterario Città di Livorno, 2014. **I° Premio** al Concorso Internazionale di Poesia Città di Voghera, 2014. III° Classificato per la silloge inedita *Il caimano* al Premio Internazionale Città di Sassari 2014 e Menzione Speciale per la stessa opera edita e ampliata al Premio Internazionale Casentino, 2015. II° Premio al Premio Letterario "Il litorale", per l'opera *Muhît al-kalimât – Oceano di parole*, 2016. Menzione d'Onore sempre per la raccolta *Muhît al-kalimât – Oceano di parole*, al Premio Casentino, 2016. Premio per la Critica, però stavolta per la narrativa (racconto breve), al Premio Internazionale Tra le Parole e l'Infinito, 2016 e 2018. Premio per la Critica per la raccolta *Rosso di marte*, al Premio Europeo Massa città fiabesca d'arte e di marmo 2017.

È stato Finalista in vari premi internazionali in Italia, Spagna, Svizzera, Argentina, Venezuela e Stati Uniti.

Sue poesie sono apparse in antologie e riviste in Italia, Stati Uniti, Svizzera, Cuba, Argentina, Kuwait, Spagna, Brasile, Romania, Hong Kong e India.

Membro di *REMES* (Red Mundial de Escritores en Español); *World Poet Society*; *Poetas del Mundo* e *SELAE* (Sociedad de Escritores Latino-Americanos y Europeos).
Nel 2015, a Cruz Alta (R/S) in Brasile, è stato nominato Accademico Corrispondente Internazionale dalla *Academia Internacional de Artes, Letras e Ciénsas* ALPAS XXI.

Partecipazioni Letterarie
- Reading Poetico all'Istituto Italo - Latinoamericano, Roma, 2004.
- Fiera del Libro, L'Avana. Ospite d'Onore alla premiazione del Premio Nosside Caribe, Cuba. 2005.
- Festival della Poesia, L'Avana, Cuba 2005.
- Reading Poetico alla Fiera del Libro, L'Avana, Cuba, 2006.
- Congresso all'UNESCO sul tema "Dialogo tra le Nazioni", Parigi, 2006.
- Reading Poetico a "Institut du Monde Arabe", Parigi, 2006.
- Salone del Libro di Montecarlo, Monaco, 2014.
- Fête du Livre di Breil sur Roya, Francia, 2014.
- Festival du Livre di Mouans-Sartoux, Francia, 2014.
- Salone del Libro di Montecarlo, Monaco, 2015.
- Salone del Libro di Montecarlo, Monaco, 2016.
- Festival Internazionale della Poesia, Curtea de Argeş, Romania, 2016.
- Reading Poetico Internazionale in chiusura al "I° *Symposium Science et Conscience*", Djerba, Tunisia, 2017
- Reading Poetico Internazionale in chiusura al "II° *Symposium Science et Conscience*", Djerba, Tunisia, 2018 - - Salone del Libro di Montecarlo, Monaco, 2018.

Prefazione

Il ritorno dello sciamano è il seguito di *Rotta per l'India*, originale opera in prosa poetica che ci racconta e ci fa viaggiare attraverso il mondo, le epoche, la storia universale. La tematica resta la "reincarnazione", proposta come ricerca e basata su forti intuizioni, visioni personali intense e la pratica della radiestesia. L'argomento è importante, seducente e l'autore, ben cosciente del fatto che non tutti sono propensi a voler credere alle vite anteriori, ne fa un gioco, un gioco condiviso con due vincitori: colui che scrive e coloro che lo leggono. Arrivati all'ultima pagina di questo libro, qualcosa dice, suggerisce che quest'opera non finisce qui. Nell'aria si percepisce, che il terzo volume della saga sta già nascendo.
Angelo Rizzi è un autore poliedrico, sia nelle lingue, poiché ha già composto poemi in arabo, spagnolo, francese ed ora in italiano, sia nelle tematiche proposte e sia nel percorso biografico con partecipazioni poetiche e letterarie internazionali in Italia, Francia, Cuba, Romania, Tunisia, senza scordare il Brasile, dove l'Accademia ALPAS XXI lo ha nominato Accademico Corrispondente Internazionale. A tutto questo va aggiunto che i suoi scritti sono apparsi su articoli, riviste, antologie collettive in Italia, Spagna, Svizzera, Romania, Argentina, Brasile, Kuwait, Hong Kong, Stati Uniti e India.

Il ritorno dello sciamano

Senza nome

Il mio cognome era Gonçalves
il mio nome non l'ho mai saputo.
Sono salpato da Lisbona
in un giorno di rumori e feste
tra stendardi rossi e verdi
verso il blu dell'infinito.
Per la prima volta
feci scalo a Capo Verde
eppure tutti ribadivano
di avermi già visto.
Proseguii il mio viaggio
a lato d'Africa
sopra onde compiacenti
e soffi d'alizei
fino all'Angola, il Capo
fino a Maputo.
Barattare, o meglio
commerciare
era il mio impegno
la mia occupazione
portavo vino di Madera
utensili, specchi, libri
riportavo

maschere d'Etiopia
tessuti indiani
perle dal golfo
dallo stretto di Ormuz
e ancora libri.
Oh Aden ! Facevo tappa
mi fermavo volentieri
avevo molti amici
cinesi, mori
indiani, portoghesi.
Quando il vento
salutò dall'ovest
ripresi il viaggio
a Mombasa ogni giorno
era speciale
quell'aria, quella luce
l'ultima tappa
prima della grande traversata
verso la costa del Malabar.
Ed eccola l'India!
Amavo questo paese
enorme ed infinito

del quale non conoscevo i limiti.
A Pandarane, avevo una casa
un nido, un riparo
un luogo dove sostare
qualche giorno, qualche mese
un fondaco per commerciare
tessuti di seta in abbondanza
velluti di ogni colore
damaschi, taffetani
broccati d'oro, drappi di *scarlatto*
oltre a rame e stagno lavorati.
Zenzero e cannella
erano più cari
ma nell'isola
dove si raccolgono
valevano la metà, come il pepe
il chiodo di garofano
mentre la *lacca* non valeva niente
la si usava per calafatare le navi
quanto al *legno brasile*
non accettavano in pagamento
che oro, argento, corallo.
Potevo barattare

con *allume*, argento vivo
grandi tele, tessuti blu, occhiali
in certi posti
consideravano inestimabile:
il vino, alcuni broccati
e i tessuti di Lucca.
Uno straniero incontrato laggiù
mi diceva
che nell'isola grande
chiamata Ceylon
si pescano perle enormi
grosse come noci
uova di piccione
però questo
sembrava impossibile
mai se n'eran viste
venire da quel luogo.
Quando il vento salutò dall'est
era segno, indicazione, avviso
il momento adatto per ripartire
esplorare, andare
tornare, rimpatriare
per dopo in seguito
di nuovo viaggiare.

Due stili

Quando Idris ben Abdallah
ben el-Hasan ben el-Hasan
ben Alî ben Abî Tâlib
detto Idris I°
mi convocò a corte
mi invitò subito
a comporre un panegirico
in onore delle tribù berbere
che lo avevano accolto
oltre a un libello
verso un cugino geloso.
Non amavo molto
questo secondo stile d'arte
sebbene a volte mi desse da vivere.
Il mio nome
già conosciuto a Granada
correva davanti a me
annunciandomi nelle corti africane.
Quante carovane, quanti paesaggi

quanti incontri e scambi
attorno al fuoco
con parole e con silenzi
gesti cauti, sguardi ammicanti
occhi furtivi di gazzelle velate.

Panama 1510

A intervalli
mi ritornano stralci di ricordi
sembrano della stessa epoca.
Che vita intensa!
Dopo la magnifica
esperienza portoghese
ho seguito gli spagnoli
in altre esplorazioni.
Panama, che bel nome! dissi.
Ci vollero mesi
ad attraversare la giungla
partendo dall'Atlantico
sotto il peso delle armature
oltre agli insetti, le febbri
le strida notturne
di uccelli tropicali
altri animali sconosciuti
il silenzio di occhi
che ci osservavano
fruscii strani, improvvisi
nessun pensiero

verso ciò che lasciavamo
solo i nostri sguardi
rivolti in avanti
sguardi colmi di avventura
colmi di cupidigia
per alcuni altri
sino all'arrivo
la scoperta del Pacifico.
Acqua di sorgente, carne
frutta a volontà, riposo
le tribù più docili
si avvicinavano
scambiavamo regali.
Ci vollero altri mesi
per tornare ai galeoni
e altri ancora
per tornare in patria.
Avevo io, una patria?
Prima di salire sulla nave
guardai attorno
più volte, con calma.
Panama, che bel nome ! dissi.

Guatemala 1524

Sormontando la collina
con Pedro de Alvarado
e gli altri soldati
mi apparve innanzi
il lago di Atitlán
circondato da tre vulcani.
Mi assalì una nuova voglia
il desiderio
di cogliere ogni sorta
di istante vario e sfuggente
di andare incontro a inediti frangenti
che condurranno a personali rivelazioni
mettendo in discussione le opinioni
le antiche motivazioni.
Mi invase una sublime
voglia di infinito
come un richiamo
un sentimento di pace
un invito a partecipare
al movimento del mondo.

Cartagena de las Indias 1533

Durante i quattro mesi di viaggio
pensieri e ricordi
nostalgia e avventura
si intrecciavano senza sosta.
Infine i Caraibi
esplorando la costa sud
fino alla baia bianca
lì, ci siamo fermati
in questo paradiso
per fondare una nuova città
lì, per la prima volta
ho sentito
le mie ossa invecchiare
lì, per la prima volta
ho sentito
la voglia di non tornare.

Sopra ogni parola

Copiare manoscritti
mi procurava un senso di gioia
soffermarmi sopra ogni parola
ogni lettera, alla quale davo forma
davo luce, davo vita, davo amore
diveniva una forma di contemplazione
di ascetico raccoglimento
ogni lettera, che decoravo
con l'ausilio di fili d'oro, d'argento
con pitture ocra, blu, verdi, rosse
sopratutto le maiuscole
all'inizio di un capitolo
di un paragrafo.
Io cristiano andaluso, stimato
nelle corti arabe
in quell'epoca di tolleranza
conosciuto per l'arte calligrafica
e le mie rilegature
quando Al Muatamid ben Abbad

terzo principe di Siviglia
ed eccellente poeta
fu portato via in catene
persi il lavoro, persi tutto
vagando per mesi
quà e là tra le corti
finché mi accolse lontano
come un'ultima speranza
l'emiro a Saragozza.

Catene

Remare in una *liburna*
la condizione di schiavo
nella quale mi trovavo
assieme ad altri disgraziati.
Remare a ritmo di staffile
uno sforzo sovrumano
che diventava alienante abitudine
unica soluzione, la resilienza
unica speranza, non affondare
nel mare amico nemico
catene ai polsi, alle caviglie
al contrrario, a volte
lo si sperava
stremati dalla fatica
stremati dal dubbio
di un improbabile futuro.
Ma pare che la speranza
sia l'ultima a morire
rammento di quel giorno
in cui mi tolsero le catene

loro sapevano
che conoscevo la scrittura
che parlavo le lingue
non ricordo la mia fine
dopo quel giorno, tutto
è divenuto dolce oblio.

Versailles

Le spesse nebbie di Milano
quando celano il profilo
degli alberi all'imbrunire
e le sagome sfocate di passanti
avvolti in mantelli di lana
immagini rimaste
indietro nel tempo.
Lulli, vecchia conoscenza
maestro musico a Versailles
mi fece venire dall'Italia
mio strumento il clavicembalo
mio amico un cane, abbaiava solo
quando gradiva la composizione.
Ho esitato, ho accettato
infine l'occasione
di mettere alla prova
il mio talento
in uno spazio più grande
una delle corti più rinomate
iniziava un nuovo ciclo
una nuova esperienza
una nuova avventura.

Madrid 1694

Nato sotto una buona stella
venne il giorno in cui presi il posto
lasciato dall'amico *Francisco*
ufficiale poeta di corte
provavo pena per la sua affezione
ma al tempo stesso letizia
per il pregiato incarico
e riconoscenza per la sua stima.
Venne in seguito il teatro
chiesero commedie
ed in quel genere
ormai mi pretendevano.
La buona stella si dissimulò
dietro nubi di passaggio
schierandomi per i Borboni
mi nascosi per qualche tempo
ostili gli altri mi ricercavano
reclamando il trono per gli Asburgo.
La buona stella ritornò
trionfarono i miei amici
quella vita mi diede tutto
delle altre vi racconterò.

Rinascimento

A Firenze dicevano
che fossi molto bella
una tra le più belle
bionda, alta
dai capelli ondulati
lunghi fino alle anche
corpo slanciato
la camminata elegante
molto cadenzata, che attirava
sguardi e commenti
occhi neri, origine spagnola
di bassa nobiltà.
Amavo scrivere, leggere
un'enorme biblioteca
più di duemila libri
frequentavo artisti
il Pollaiolo per esempio
che di dame
ne ha ritratte a iosa
amici più fidati, gli alberi
lecci, faggi, abeti
i tappeti erbosi

dei pascoli montani
che avevo visto, contemplato
da bambina
due amati gatti, soriani
però anche i fiori
ibischi rossi i miei preferiti
e il colore verde
nelle mille sfumature
che ci offriva la natura.
Vivevo sulle colline
una piccola villa, bianca
che risaltava tra i cipressi
un marito imposto, poco amato
tre figli, gioie degli occhi, del cuore
ho vissuto a lungo per quei tempi
pare fino a settant'anni
sembra che quando mi son spenta
capo reclinato sulla spalliera
serena come se dormissi
avevo un manoscritto tra le mani.

Nave in arrivo !

Da tempo non venivo a Mogador
così tanto, da perdere il conto delle lune
ogni volta arrivando via mare
osservavo quell'immagine
un cielo indaco e l'oceano di parole
centinaia d'albatri, gabbiani sulle mura
sentinelle che si agitano
annunciano l'arrivo di una nave.
Avevo disegnato le torri di guardia
contribuito a quell'opera d'arte
da molto tempo non venivo a Mogador
così tanto, da perdere il conto delle vite.

La foresta muta

Seduto attorno al fuoco
intonò un canto
accompagnato da gesti rituali
agitava amuleti in aria
scuotendo la testa a cerchio.
Lo sciamano della tribù *chibcha* *
mi guardò in silenzio e disse :
Tirerò una piuma per te!
È piuma d'aquila
con due striature
le due due cose alle quali
stai pensando
sento risa attorno a te
e felicità
però tu, non sai approfittarne.
Tirerò un'altra piuma!
È di corvo, non temere
non è una piuma infausta
dice che qualcuno ti aiuterà.
Tirerò un'altra piuma

* pr: *cibcia*

è piuma di cigno
qualcuno che ritorna.
In seguito tacque
e tutta la giungla
stava in silenzio.
Mi alzai appoggiandomi
alla mia spada
in piedi restai qualche minuto
ad ascoltare la foresta muta.
Senza gesti ne parole
me ne andai
per raggiungere gli altri
a Cundinamarca.

Terra-Madre

Lo sciamano *chibcha* disse :
Ascolta la natura, ascoltala!
Il suono che emana è ciò che ci lega
alla nostra Terra Madre.
Le energie magiche e misteriose
che ogni esemplare della natura
possiede in sé e dispiega nello spazio
per comunicarle a noi.
Le esitazioni che sento in te
svaniranno con il tempo
lo sento, lo sento
come sento le foglie degli alberi
quando si svegliano in primavera
e si riempono di linfa.
Sento per te una forte vibrazione
vedo in lontananza
una dolce luce blu
un bagliore che si avvicina
come una piccola fragile fiamma.
È un buon segno!

Devi elevarti al di sopra
della tua visione
per cogliere l'irruzione perenne
dell'infinito nel finito
per cogliere le energie cosmiche
celesti, terrestri o dell'inframondo.
Poi tacque, chiuse gli occhi
li riaprì, mi guardò
mi diede due amuleti d'argento
decorati con un serpente e un giaguaro
dicendo : Questi spiriti ti proteggeranno
ed ora va! Non ci rivedremo più!
Capitano! mi chiamò
qualcuno alle mie spalle.
Don Gonzalo Jiménez de Quesada
ti sta aspettando!

Repubbliche marinare

Io genovese
catturato dai Veneziani
mi ritrovo di nuovo a remare
un *karma* quasi identico
già vissuto, un debito
una forma di espiazione
o la memoria transgenerazionle
errata, che va corretta
cancellata
qualcosa si è bloccato
negli *archivi akashici*
negli annali eterei del tempo.
Incatenato al banco di voga
per un tempo imprevedibile
rasato, con un ciuffo
al centro della testa
insieme a maghi, falsari
truffatori, assassini, ebrei
eretici, omosessuali
sacerdoti sconsacrati
poeti irriverenti, artisti maledetti

adulteri e semplici bestemmiatori.
Unica possibilità, accogliersi
in questa esperienza
sperando un riscatto pagato
uno scambio di prigionieri
poiché nessuno conosce
quando il debito karmico
terminerà.
Il pensiero è a volte più grande
dell'illusione della realtà
dobbiamo abituarci all'impossibile
per trasformarlo nel possibile
succede, che i destini cambino
nel corso della stessa vita.

Amerigo

Ho incontrato due o tre volte
il cosmografo Amerigo
anche lui lavorava
per spagnoli e portoghesi
la sua infusa curiosità
per il mondo ed il sapere
la sua mente riflessiva e sveglia
la sua dote nel tenere relazioni
il carattere affabile e zelante
insieme a quell'indole per l'avventura
per la scoperta
che fisseranno il suo destino.
Avventuriero spavaldo
c'era chi diceva millantatore
aggiungendo anche baldanzoso
persino confidente, spia, indicatore
degli spagnoli e dei fiorentini
però io lo conoscevo
era esploratore umanista e colto
temerario, ardito, competente
più attento alla conoscenza
che al benessere personale

un amico sorprendente
incontrato tra corti, taverne, mescite
dove il *vinum veritas* rendeva loquaci
dove scambiavamo segreti
qualche bugia ed enfatiche gesta
Fu tra i primi a rendersi conto
dell'estensione del *Mondo Nuovo*
il primo a farlo conoscere
divulgando tra un vasto pubblico
l'unicità di queste terre
una natura selvaggia e incontaminata
popolata da animali e genti strane
implicate in guerre crudeli, senza fine
dediti a continue attività sessuali
un continente diverso, sconosciuto
fatto di contrasti, opulente, seducente.
Maestro del quadrante e dell'astrolabio
mi rivelava di aver scoperto
Alpha Centauri e *Beta Centauri*
altrimenti impossibili da vedere
qui nel nostro Mediterraneo
raccontava con foga ed orgoglio

che la nuova terra trovata a sud
aveva estensioni enormi
e non somigliava affatto
a quel che si diceva, si stimava.
Più attempato e maturo di me
mi anticipò nel trapasso di qualche anno
senza sapere che le nuove mappe
avevano una terra immensa
che portava il suo nome
sebbene sembrava misurasse
l'incommensurabile distanza
che si scorge tra il vissuto e la memoria
tra il presente e ciò che i secoli futuri
riterranno in seguito di noi.

Gonçalves

Manca sempre il mio nome
ma sono venuto a conoscenza
che la mia nascita
la devo a padre genovese
madre portoghese.
Non riesco a rimanere
a terra per lungo tempo
il viaggio mi chiama
il mare mi chiama
ho incontrato, penso
gente di ogni contrada, però
il desiderio di conoscere il mondo
non si attenua, anzi aumenta.
Da un anno, forse meno, forse più
vivo a Porto Alegre
questa luce, quest'aria
mi hanno conquistato
questa gente
il loro accento
mi ha conquistato

sopratutto la gente di Cruz Alta
eppure qualcosa dentro me
una percezione, un'intuizione
un richiamo, mi dice
in questo inizio ottocento
che è venuto il tempo di partire
di nuovo verso l'incontro
di nuovo verso l'ignoto.

Estate 2017

Un anno fa
meditando ad occhi chiusi
sdraiato
in posizione orizzontale
ho visto un braccio
passarmi davanti
come se desse un colpo
non so se avesse
un'arma nella mano.
Subito vidi un uomo
steso a terra
nella mia stessa posizione
in perfetta simmetria
ma dalla parte opposta
vestito di grigio
stile spagnolo del seicento
forse un'uniforme.
Vidi un altro uomo
anche lui spagnolo
camicia bianca, pantaloni neri

con cappa rossa e cappello scuro
inginocchiarsi per assistere l'amico.
Sono rimasto ad occhi chiusi
senza interrompere
il ciclo dei respiri
in attesa di altre immagini
ma la visione, breve
eppur molto nitida
era già sfumata.
Sarà così che quella vita
era terminata?
Ucciso da un nemico
soccorso da un amico?

Missione

Varcai la porta
un giorno d'autunno
appena iniziato
sotto un cielo cinereo
al tramonto
macchiato da ombre rosate
tra il *cremisi alizarina*
e il *viola d'oriente*.
Travestito da monaco
non fu difficile
introdurmi nel convento di Strahov
condividere con i nuovi fratelli
la vita quotidiana
pregare, coltivare, partecipare
meditare.
Portavo una lettera d'encomio
con nobile sigillo
perfettamente imitato
che mi annunciava
mi proteggeva, mi accreditava
mi attribuiva, doti particolari.

L'esperienza accumulata
nelle missioni precedenti
mi dava un vantaggio
mi rassicurava, mentre
il mio lato avventuriero
forniva l'eccitazione
del timore e del rischio.
Avevo sempre amato osare!
In una notte di luna nera
sfiorata da brezza leggera
e un profumo di rosmarino
entrai per la settima volta
nella magnifica biblioteca
tra il silenzio e i silenzi
tra l'apprensione e il dovere
l'audacia e il pericolo
misurando ogni passo
ogni pensiero
come se anche i pensieri
facessero rumore.
Scelto il manoscritto
posato sullo scrittoio

inclinato ad angolo retto
mi soffermai sulle miniature
dipinte in oro e argento
tra i bagliori e le ombre
del lume di candela.
Sfioravo con le dita
accarezzavo
quelle opere d'arti
quel lavoro di ore
mesi, forse anni.
Mi immaginavo al posto
di chi lo aveva inventato
la pazienza, l'affetto
la comunione
con l'oggetto creato
vederlo nascere, crescere
aumentare
prendere corpo
riempendo il cuore
con le parole
che lentamente

fluivano davanti agli occhi
scorrevano tra le dita.
Ma il tempo passa
benchè non esista
devo tornare
al mio compito
carpire i segreti
celati tra le linee
si parla di codice
di qualcosa che è detto
ma non si deve sapere
qualcosa di scritto
che non deve trapelare.
Chinando il capo
sulla pagina voluta
la fiamma del lume
danzò di sobbalzo
con effimeri riflessi
disegnati sui muri.
Sentii una fitta
un dolore alla schiena
mi voltai sbalordito

riconoscendo
nella penombra
la smorfia di un volto
incappucciato
poi più niente
solo il buio
nel fragore del nulla.

Esilio

Non posso e non voglio dire
il nome che avevo
in quell'epoca
poiché conosciuto.
È delicato
arrogarsi un nome
e non poter dare alcuna prova
nonostante siano passati
più di due secoli
i familiari, i discendenti
potrebbero infastidirsi
attaccarmi.
Quello che posso svelare
non sono che pochi indizi
ero scrittore e molto altro
ma pochi sanno
che ho vissuto ad Alghero.
Proprio lì, passeggiando

sulle mura spagnole
mi sentivo incitato
ad impegnarmi verso
un dissimile modo di vita
più aperto agli altri, al mondo
a prevedere
nuovi pensieri del vivere.
Molto ampia la rosa
delle opportunità
esigeva tempo, energia
per valutare
quel che meglio si adattava
alle mie profonde aspirazioni
vero lavoro su me stesso
che attuava e delineava
le mie attese, le mie speranze.
Lasciata l'italia
proseguii il mio esilio
nella Francia illuminista

in quel fecondo periodo di idee
che tutto ha cambiato
che tutto cambiò.
Il tempo cancella, corregge
modifica, ricorda, dimentica
riuscii infine a tornare a casa
mentre gli amici
con i quali mi univo nel cenacolo
in lunghe discussioni
mi appellarono *el Afrancesado*. *

* il francese

Kathmandu

Mi giungono
immagini lontane
ma tutto è vago
non ne sono sicuro
si, ora rammento, ricordo
perlomeno qualcosa
monaci vestiti
di porpora e zafferano
mi ospitano per la notte
tintinnio di campanelli
forse l'ora della preghiera
della meditazione, risuona
una campana tibetana.
L'indomani partirò
mi indicherà la via
il mio istinto guida
o chissà, un angelo
mi attende
un lungo viaggio
tra il prima e il dopo
tra le memorie
e l'inconoscibile.

Tele di canapa

Ero bambino curioso
silenzioso
nella bottega di Paolo
mi baloccavo con pennelli
osservavo mio padre
preparare i colori
soprattutto quel verde
scoperto dal Maestro
quel *verde Veronese*
verde molto intenso
che spazia
tra verde malachite
verde smeraldo
verde giada.
Ero bambino calmo
poco vivace
affatto loquace
preferivo guardare
giocare, imparare.
Il tempo che passa
ed io giovane ometto

mi ritrovo aiutando
con i colori
smaltino blu-grigiastro
indaco e bianco
ocre marroni, gialle, nere
e quel verde, quel verde...
Preparo tele di canapa
colla, gomma
bianco dell'uovo, resina
olio, rosso dell'uovo
mestica per le velature.
Paolo eseguiva eccellenti ritratti
di peculiare raffinatezza
la sua abilità di correlare
lo spazio reale con quello illusorio
figure aeree, delicate
un saggio dei canoni
della bellezza muliebre
ma quando dipinge le *Cene*
a lui si interessa, l'Inquisizione.
I Gesuiti si propongono:

Siamo noi, giudici e custodi
della coscienza dell'Uomo!
Nella bottega eravamo al sicuro
la magia dei dipinti, la magia dell'arte
e il maestro lentamente invecchiava
e così incanutiva mio padre.
Fuori, la peste che decimava
e il timore dei Turchi
che si espandeva.
Clima di lutto, pena, apprensione
la pittura gioiosa, dal colore vivace
la teatralità, il fasto, il colore
stigma per anni dell'arte di Paolo
lasciava il posto a cupe atmosfere
frequenti oramai, le scene notturne.
Il tempo che passa
chi nasce, chi muore
ed io uomo adulto, mi ritrovo
a mia volta, a fare il pittore.

Dialogo con qualcuno che vede (2018)

Ieri, qualcuno
una persona che vede
una veggente
mi ha detto: Vedo
uno scrittore solitario
nell'alto di una torre
scrive con una penna
come quelle
che si usavano una volta
sembra piuma di gallo cedrone
per scritture fini.
Difficile dire, quando e dove
forse in Italia
le immagini discontinue
mi giungono solo a lampi.
Hai avuto molte vite
questa è stata rilevante
sovente sei stato scrittore
per questo tu scrivi!

Ho replicato: Non mi sorprende
ma a dire il vero
nella mia vita attuale
la scrittura è venuta a me
tardivamente.
Françoise ha concluso:
Non è importante!
dovevi vivere altre cose
per poter capire.

Il sogno dello sciamano

Lo sciamano della tribù *cueva*, disse:
Ho sognato un grande gufo in volo
che si posa sopra un tappeto di neve
incarna la forza divina
anticipa gli avvenimenti
per contornare gli ostacoli
evitare le trappole
smascherare le persone nocive.
Non fidarti di Dávila e Pizarro
se non vuoi finire
come il tuo amico Balboa.
Prudenza e protezione
ti saranno necessari
ti insegnerò
la *Danza Coscienza*
e la *Danza delle Tredici Lune*.
Ritorna domani!
quando il sole scivolerà
dietro le montagne.

Kashmir

Sfiorando le narici
fluttua ogni mattina
un odore legnoso
fronde di ginepro al fuoco
mentre scintille salgono
verso il cielo di ghiaccio
disperdendo effluvi resinosi
tra le case di Muzaffarabad.
La pacata impressione
la senzazione
che le giornate scorrano
senza tempo.
Tutto è qui ed ora
il passato è il mio maestro
il presente la mia ispirazione.
All'apparire della bianca luna
latrati di cani annoiati
strappano l'aria ed il silenzio.
Domani partirò di nuovo
verso l'infinito
di sguardi e parole.

Il sogno dello sciamano II°

Lo sciamano *cueva*
mi aspettava:
Quando sei arrivato
ho inteso il grido
della civetta
rappresenta
cambiamento e saggezza
ti ho visto in sogno
danzare
con il grande cigno bianco
sopra il lago nero
è un segno
molto benefico
di purezza
saggezza
onore
prestigio.

Dialogo con qualcuno che vede II°

Ho un'ispirazione intima
un'intuizione forte:
La torre di cui mi parlavi
era la torre di una casa?
A Firenze?
La veggente risponde:
Sì, una casa, proprio là!
Eccitato le chiedo:
Esiste ancora questa casa?
Françoise è sicura:
Sì, e un giorno la ritroverai
la riconoscerai!
Dovrai esplorare come si deve
i dintorni della città
la troverai su una collina
dove sotto passa dell'acqua
un fiume.
Ora mi spiego perché
la prima volta
che sono stato in questo luogo
mi sentivo così bene
così a mio agio
rasserenato, pacificato...

Il discepolo

Vi sono giorni di luce
dove la luce
è energia inesauribile
è vibrazione costante.
Appena terminato di leggere
il suo romanzo filosofico
mi presentai da Ibn Tufayl
raggiante gli dissi:
Sei il più grande!
mi complimento per il coraggio!
Ammiccò dolcemente
mi invitò con un cenno
a sedere sopra morbidi cuscini
posati a cerchio sui tappeti
mi fece portare un tè
in trasparenza intravedevo
sul fondo del bicchiere
pinoli, mandorle, cardamomo.
Mi rispose con ponderazione:
Il coraggio non c'entra
ciò che va fatto va fatto

se una cosa la fai con il cuore
produce amore
e una goccia di pioggia
si trasforma in rivolo
ruscello, fiume, mare, oceano
il cuore è l'organo
più importante del corpo umano.
Hai mai pensato che l'uomo nasce
quando il cuore inizia a palpitare
e muore quando il cuore
ne cessa i palpiti ?
La conversazione continuò a lungo
fiero di essere un suo discepolo
ammiravo quest'uomo
saggio ed erudito
filosofo, astronomo, matematico
medico, fisico, mistico sufi.
A notte fonda, me ne andai
dicendo tra me e me :
È il più grande! Il più grande!

Il fulcro della vita

Il cielo turchese, le palme
inclinate sulla spiaggia
cesti di frutta come benvenuto
il giorno del mio arrivo dissero:
È arrivato il maestro di Cannanore!
Tutti attorno all'antico sicomoro
in festa e musica, *tabla, bansurî*
e danze, *kathak, baratha nathyan.*
La testa mi girava, inebriato
da quei colori che hanno solo loro
da quelle ipnotiche musiche
quei gesti sinuosi, ritmati.
L'anziano del villaggio
mi portò sotto il grande albero:
ha più di duecento anni!
È il centro della nostra comunità
lo veneriamo, lo rispettiamo.
se abbiamo un dubbio
un desiderio

veniamo qui a pregare
chiediamo il suo aiuto
e se l'intenzione è pura
i voti si realizzano.
All'opposto degli esseri umani
gli alberi non sono narcisisti
nè individualisti
assorbono dall'alto e dal basso
energie e informazioni
che poi rimettono in circolo
condividendole con noi
così noi cerchiamo di render loro
una parte di energia, una parte di amore
facendone il fulcro della nostra vita
perché ci sia equilibrio nell'universo.
In seguito il funzionario del governatore
mi portò in visita alla scuola portoghese
dove erano riuniti tutti i bimbi del villaggio.

Sulle rive dell'Indo

Ho finalmente trovato nel Ladakh
il luogo adatto per meditare
scrivere, cercare il *sé*
nel monastero di Alchi
tutto in legno di salice
in una valle
sulle rive dell'Indo
circondato da alberi.
Sono giunto alla fine del viaggio?
Questo non so!
Vivo qui da due anni
a un passo dal cielo
seguendo il ritmo di mantra buddisti
e Londra mi sembra lontana
molto lontana.
La rivedrò?
Quel che conta
è il momento presente
il suono del vento
questa luce nuova
la purezza dell'aria
i paesaggi solenni e lunari.

Attendo con gioia
il mattino e la sera
la meditazione
che mi accompagna sempre più
verso l'emancipazione
dall'illusione dei desideri
verso l'elevazione dello spirito.
Qui tutto si spiega e si colloca
tutto è una luce che trascende
dal mondo terreno
e ti porta verso il divino.

Indice

Pag. 14 - Senza nome
Pag. 18 - Due stili
Pag. 20 - Panama 1510
Pag. 22 - Guatemala 1524
Pag. 23 - Cartagena de las Indias 1533
Pag. 24 - Sopra ogni parola
Pag. 26 - Catene
Pag. 28 - Versailles
Pag. 29 - Madrid 1694
Pag. 30 - Rinascimento
Pag. 32 - Nave in arrivo
Pag. 33 - La foresta muta
Pag. 35 - Terra madre
Pag. 37 - Repubbliche marinare
Pag. 39 - Amerigo
Pag. 42 - Gonçalves
Pag. 44 - Estate 2017
Pag. 46 - Missione
Pag. 51 - Esilio
Pag. 54 - Kathmandu
Pag. 55 - Tele di canapa
Pag. 58 - Dialogo con qualcuno che vede (2018)
Pag. 60 - Il sogno dello sciamano
Pag. 61 - Kashmir
Pag. 62 - Il sogno dello sciamano II°
Pag. 63 - Dialogo con qualcuno che vede II°
Pag. 64 - Il discepolo
Pag. 66 - Il fulcro della vita
Pag. 68 – Sulle rive dell'Indo